RANTANPLAN

LA BELLE ET LE BÊTE

Dessins de MORRIS et V. LEONARDO
Scénario de Bob de Groot

Le personnage Rantanplan a été imaginé par Morris et mis en lumière par René Goscinny

Mise en couleurs: STUDIO LEONARDO

LUCKY Comics

Du même auteur:

SÉRIE LUCKY LUKE

AUX ÉDITIONS DUPUIS

- LA MINE D'OR DE DICK DIGGER
- RODEO
- ARIZONA
- SOUS LE CIEL DE L'OUEST
- LUCKY LUKE CONTRE PAT POKER
- HORS-LA-LOI
- L'ÉLIXIR DU DOCTEUR DOXEY
- LUCKY LUKE ET PHIL DEFER
- DES RAILS SUR LA PRAIRIE
- ALERTE AUX PIEDS-BLEUS
- LUCKY LUKE CONTRE JOSS JAMON
- LES COUSINS DALTON
- LE JUGE
- RUÉE SUR L'OKLAHOMA
- L'ÉVASION DES DALTON
- EN REMONTANT LE MISSISSIPI
- SUR LA PISTE DES DALTON
- À L'OMBRE DES DERRICKS
- LES RIVAUX DE PAINFULL GULCH
- BILLY THE KID
- LES COLLINES NOIRES
- LES DALTON DANS LE BLIZZARD
- LES DALTON COURENT TOUJOURS
- LA CARAVANE
- LA VILLE FANTÔME
- LES DALTON SE RACHÈTENT
- LE 20e DE CAVALERIE
- L'ESCORTE
- DES BARBELÉS SUR LA PRAIRIE
- CALAMITY JANE
- TORTILLAS POUR LES DALTON

SÉRIE RANTANPLAN

- LA MASCOTTE
- LE PARRAIN
- RANTANPLAN OTAGE
- LE CLOWN
- BÊTISIER 1
- BÊTISIER 2
- LE FUGITIF
- BÊTISIER 3
- LE MESSAGER
- LES CERVEAUX
- LE CHAMEAU
- BÊTISIER 4
- LE GRAND VOYAGE
- BÊTISIER 5
- LA BELLE ET LE BÊTE

SÉRIE LUCKY LUKE

CHEZ LUCKY COMICS & LUCKY PRODUCTIONS

- LA DILIGENCE
- LE PIED TENDRE
- DALTON CITY
- JESSE JAMES
- WESTERN CIRCUS
- CANYON APACHE
- MA DALTON
- CHASSEUR DE PRIMES
- LE GRAND DUC
- LE CAVALIER BLANC
- L'HÉRITAGE DE RANTANPLAN
- LA GUÉRISON DES DALTON
- L'EMPEREUR SMITH
- LE FIL QUI CHANTE
- 7 HISTOIRES DE LUCKY LUKE
- LE MAGOT DES DALTON
- LA BALLADE DES DALTON ET AUTRES HISTOIRES
- LE BANDIT MANCHOT
- SARAH BERNHARDT
- LA CORDE DU PENDU
- DAISY TOWN
- FINGERS
- LE DAILY STAR
- LA FIANCÉE DE LUCKY LUKE
- NITROGLYCÉRINE
- LE RANCH MAUDIT
- L'ALIBI
- LE PONY EXPRESS
- L'AMNÉSIE DES DALTON
- CHASSE AUX FANTÔMES
- LES DALTON À LA NOCE
- LE PONT SUR LE MISSISSIPI
- KID LUCKY
- BELLE STARR
- LE KLONDIKE
- O.K. CORRAL
- OKLAHOMA JIM
- MARCEL DALTON
- LE PROPHÈTE

HORS COLLECTION

- LA BALLADE DES DALTON
- MORRIS VOUS APPREND À DESSINER LUCKY LUKE
- L'UNIVERS DE MORRIS
- LA FACE CACHÉE DE MORRIS

LA BELLE ET LE BÊTE
Dessins: MORRIS & LEONARDO
Scénario: B. de GROOT
RANTANPLAN ! ÇA SUFFIT, MAINTENANT ! LÂCHE LA JAMBE DU TÉLÉGRAPHISTE ! TU AS DÉJÀ MORDU SON AUTRE MOLLET !
GRRR !...
AÏE !
ET DONNE-MOI CE TÉLÉGRAMME !
QUEL MÉTIER !
DONNE, JE TE DIS !
GRR !...
AH ! TOUT DE MÊME !
SCRITCH !
1A
VOYONS ÇA !... EUH...
SURTOUT, QUE CE DÉTENU NE S'IMAGINE PAS QUE JE CAPITULE ! NON ! CETTE CRÊPE EST SIMPLEMENT IMMANGEABLE ! ... AUCUN GOÛT !
PTOUI !
QUE SE PASSE-T-IL ENCORE, JARVIS ?
ALLONS, BON !... VOILÀ LE DEUXIÈME DES QUATRE DALTON !
UN... EUH... UN TÉLÉGRAMME POUR VOUS, MONSIEUR LE DIRECTEUR !
!
CHER FRÈ... CE PETIT MOT POUR TE DI... QUE JE T'ENVOIE UN DE MES PATIENTS ACCOMPAGNÉ DE SON PÈ... J'AIMERAIS QUE TU LES LOGES POUR QUELQUES JOURS AU PÉNITEN... ILS ARRIVERONT LU...
SI JE TE LES ENV... C'EST PARCE QUE J'AIM... QU'ILS RENC... GELÉE NOCTURNE, L'HOMME-MÉDECINE DE LA TRIBU DES PIEDS... QUI SE TROU... PAS LOIN DE CHEZ T... ET QUI POURRA PEUT-ÊTRE LE GUÉRIR...
ZZZ
MERCI D'AV... JE T'EMBR... BIEN F... TON FR... QUI T'AI...
UH ?!... ZUT ! JE ME SUIS ENDORMI EN SURSAUT ET J'AI RATÉ TOUTE LA RECETTE DE CUISINE QU'IL ÉTAIT EN TRAIN DE ME LIRE !
MORRIS V. LEONARDO & B. de GROOT
1B

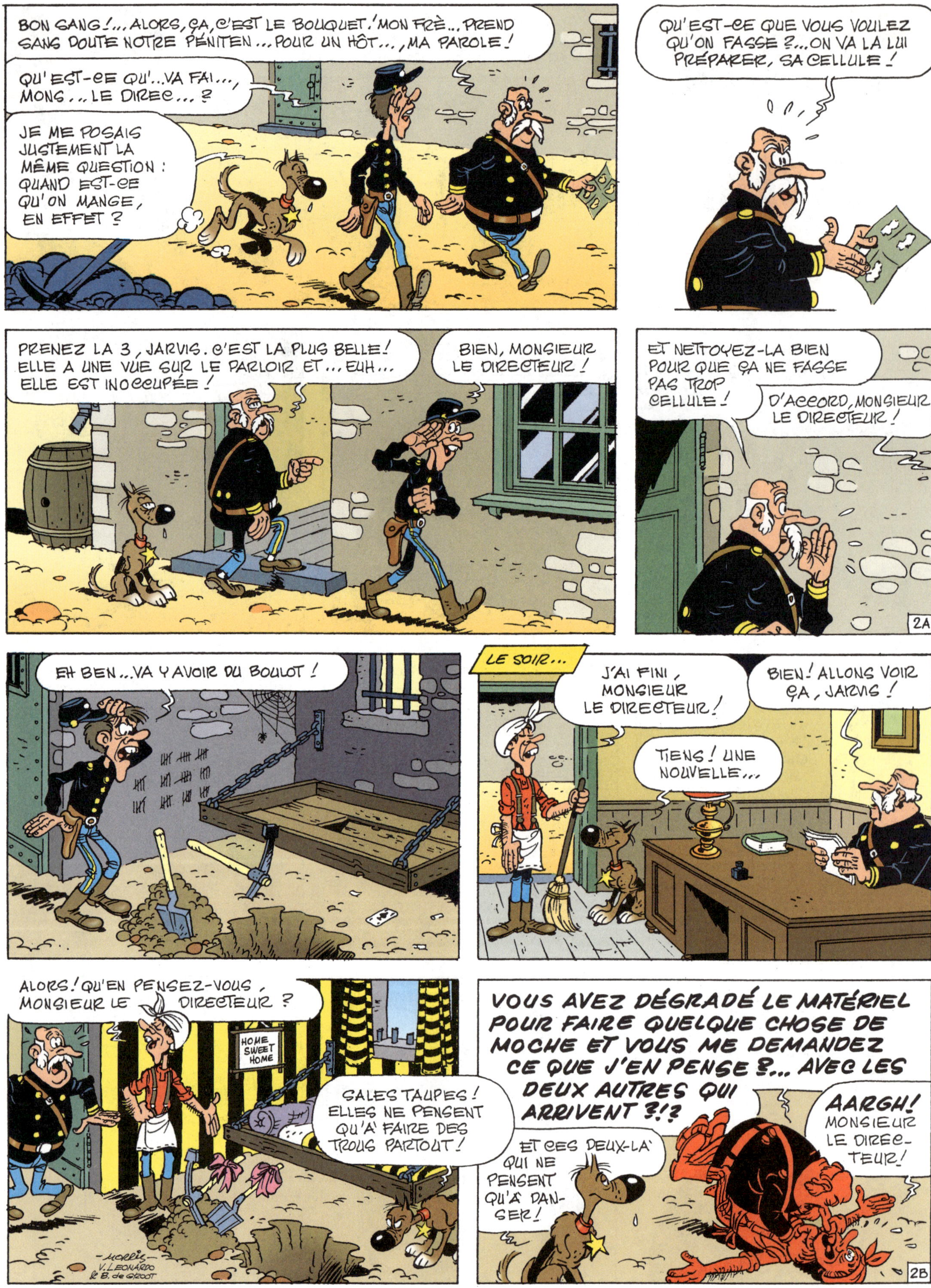
BON SANG !... ALORS, ÇA, C'EST LE BOUQUET ! MON FRÈ... PREND SANG DOUTE NOTRE PÉNITEN... POUR UN HÔT..., MA PAROLE !
QU'EST-CE QU'...VA FAI..., MONS...LE DIREC... ?
JE ME POSAIS JUSTEMENT LA MÊME QUESTION : QUAND EST-CE QU'ON MANGE, EN EFFET ?
QU'EST-CE QUE VOUS VOULEZ QU'ON FASSE ?...ON VA LA LUI PRÉPARER, SA CELLULE !
PRENEZ LA 3, JARVIS. C'EST LA PLUS BELLE ! ELLE A UNE VUE SUR LE PARLOIR ET..., EUH... ELLE EST INOCCUPÉE !
BIEN, MONSIEUR LE DIRECTEUR !
ET NETTOYEZ-LA BIEN POUR QUE ÇA NE FASSE PAS TROP CELLULE !
D'ACCORD, MONSIEUR LE DIRECTEUR !
2A
EH BEN...VA Y AVOIR DU BOULOT !
LE SOIR...
J'AI FINI, MONSIEUR LE DIRECTEUR !
BIEN ! ALLONS VOIR ÇA, JARVIS !
TIENS ! UNE NOUVELLE...
ALORS ! QU'EN PENSEZ-VOUS, MONSIEUR LE DIRECTEUR ?
HOME SWEET HOME
SALES TAUPES ! ELLES NE PENSENT QU'À FAIRE DES TROUS PARTOUT !
MORRIS
V. LEONARDO
& B. de GROOT
VOUS AVEZ DÉGRADÉ LE MATÉRIEL POUR FAIRE QUELQUE CHOSE DE MOCHE ET VOUS ME DEMANDEZ CE QUE J'EN PENSE ?... AVEC LES DEUX AUTRES QUI ARRIVENT ?!?
AARGH ! MONSIEUR LE DIREC-TEUR !
ET CES DEUX-LÀ QUI NE PENSENT QU'À DAN-SER !
2B

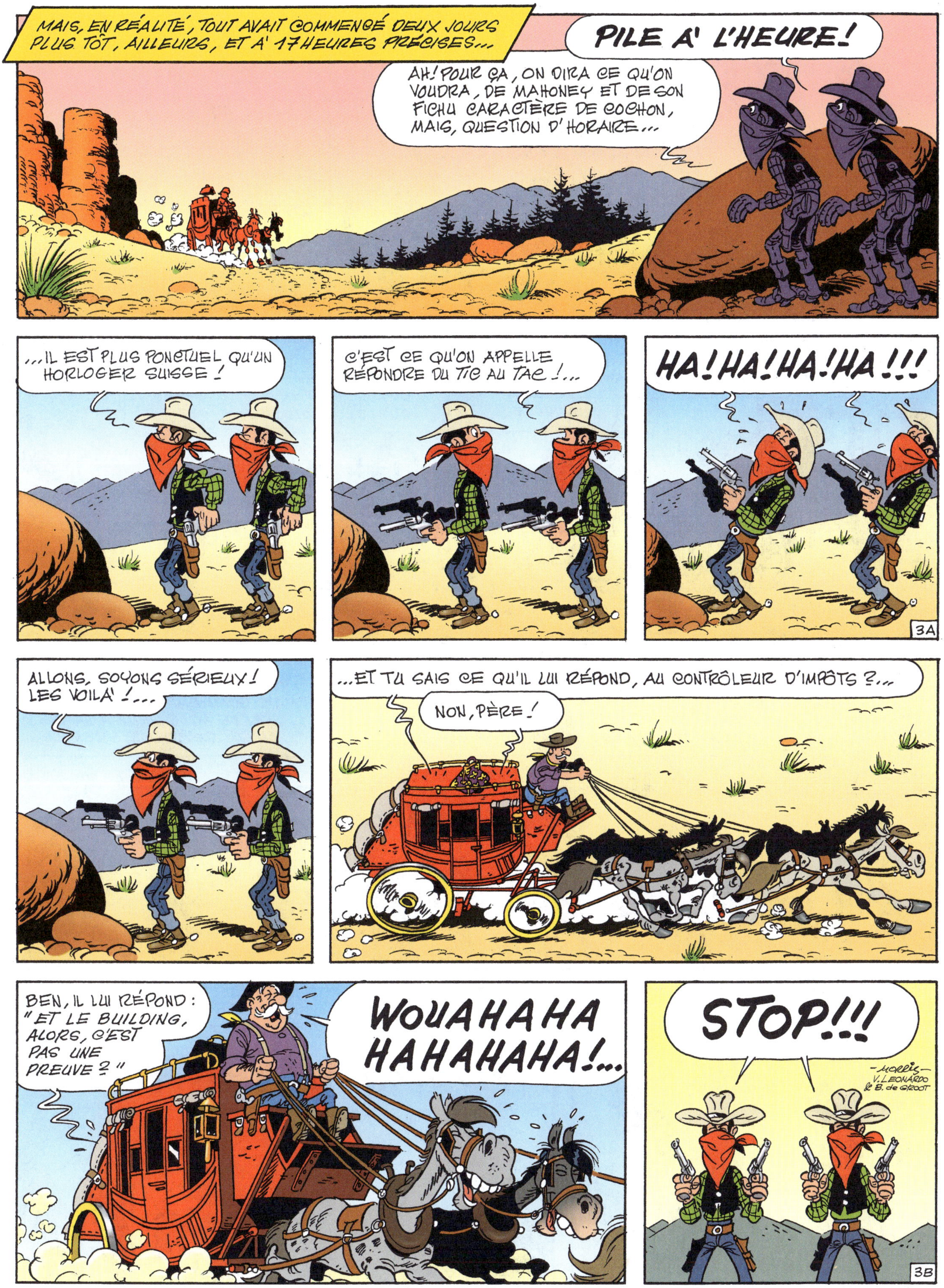
MAIS, EN RÉALITÉ, TOUT AVAIT COMMENCÉ DEUX JOURS PLUS TÔT, AILLEURS, ET À 17 HEURES PRÉCISES...
PILE À L'HEURE!
AH! POUR ÇA, ON DIRA CE QU'ON VOUDRA, DE MAHONEY ET DE SON FICHU CARACTÈRE DE COCHON, MAIS, QUESTION D'HORAIRE...
...IL EST PLUS PONCTUEL QU'UN HORLOGER SUISSE!
C'EST CE QU'ON APPELLE RÉPONDRE DU TIC AU TAC!...
HA! HA! HA! HA!!!
3A
ALLONS, SOYONS SÉRIEUX! LES VOILÀ!...
...ET TU SAIS CE QU'IL LUI RÉPOND, AU CONTRÔLEUR D'IMPÔTS?...
NON, PÈRE!
BEN, IL LUI RÉPOND: "ET LE BUILDING, ALORS, C'EST PAS UNE PREUVE?"
WOUAHAHAHA HAHAHAHA!...
STOP!!!
MORRIS
V. LÉONARDO
& B. de GROOT
3B

DESCENDEZ LENTEMENT ! LES MAINS EN L'AIR !!!
WHOUA HA ! HA !
LE BUILDING ... PAS UNE PREUVE ... HO ! HO ! HO !
!
!
ET CELLE DES DEUX FOUS QUI VEULENT PROUVER QU'ILS NE LE SONT PLUS, TU LA CONNAIS, LUCILLE ?
NON, PÈRE !
... PAS UNE PREUVE !... HOUHOUHOUHOU !! ...
?!
?!
4A
ÉH BIEN, LES DEUX FOUS SE DEMANDENT COMMENT PROUVER QU'ILS NE LE SONT PLUS ET L'UN DES DEUX A UNE IDÉE : "FAISONS UNE COURSE" DIT-IL ! "LES GENS NORMAUX FONT DES COURSES ENTRE EUX" ...
JE LA CONNAIS, CELLE-LÀ ! ELLE EST BONNE !
"BONNE IDÉE", DIT L'AUTRE ... "MAIS COMMENT SAURONS-NOUS LEQUEL DE NOUS DEUX A GAGNÉ ?" "SIMPLE", RÉPOND LE PREMIER ...
"SI J'ARRIVE AVANT TOI, JE TRACE UNE CROIX SUR LE SOL ...
... ET SI C'EST TOI QUI ARRIVES LE PREMIER, ...
MORRIS
V. LEONARDO
& B. de GROOT
... BEN, LA CROIX, TU L'EFFACES !"
WOUAHAHAHAHAHA !...
4B

MORRIS
V. LEONARDO & B. de GROOT

ARRÊTEZ !... HOUHOUHOU !... REVENEZ !... HAHAHA !... AVEC TOUT ÇA, ON NE VOUS A PAS ENCORE ... HIHIHI !... DÉVALISÉS !... HOHOHO !...
PAN !
PAN !
HOUSTON, MONSIEUR !... HAHAHAHA !...
MAIN STREET 306 ! NOUS Y SOMMES, MONSIEUR !
ET CELLE DU PETIT NUAGE QUI ÉTAIT TRISTE, TU LA CONNAIS ?
306
MERCI D'AVOIR FAIT LE DÉTOUR, MAHONEY ! TENEZ ! VOICI POUR VOUS !
OH ! VOUS ÊTES TROP BON, MONSIEUR QUETCHUPPE ! ET MERCI POUR VOS BLAGUES !
6A
WOUAHAHA !...
C'EST BIEN ICI !
DOCTEUR HILLARY
ZYGOMATICOLOGUE
HAHIHIHOHO !... JE SUIS GUÉRIIHIHI !
QUETCHUPPE ! J'AI RENDEZ-VOUS À 15 HEURES !
AH ! OUI ! ENTREZ ! LE DOCTEUR VOUS ATTEND !
BONJOUR, DOCTEUR ! AVEZ-VOUS REÇU MA LETTRE ?
OUI, OUI, MONSIEUR QUETCHUPPE ! IL S'AGIT DE VOTRE FILLE LUCILLE, ÂGÉE DE 10 ANS, ET QUI, M'AVEZ-VOUS ÉCRIT, N'A JAMAIS RI OU MÊME SOURI DE SA VIE ...
BIEN. VOYONS CELA ! SI VOUS VOULEZ BIEN ÔTER VOTRE ROBE, MISS ...
DITES : "A" !
AAAAH ! C'EST FROID !
– MORRIS –
V. LEONARDO
B. de GROOT
6B

PAF!
PAF!
HEU... LES RÉFLEXES SONT BONS!
BREF...
ÉCOUTEZ, MONSIEUR QUETCHUPPE! J'AI EXAMINÉ VOTRE FILLE SOUS TOUTES LES COUTURES, ET JE PEUX VOUS DIRE QU'ELLE EST EN PARFAITE SANTÉ! ELLE A LES ZYGOMATIQUES MUSCLÉS, ET J'AJOUTERAIS QU'ELLE EST MÊME PLUTÔT GRANDE POUR SON ÂGE... TOUT À FAIT NORMALE, JE VOUS DIS!
PEUT-ÊTRE, MAIS ELLE N'A JAMAIS RI DE SA VIE, DOCTEUR!
ET SI ON LUI RACONTAIT UNE PETITE BLAGUE?
7A
JE LES CONNAIS TOUTES ET JE LES LUI AI TOUTES RACONTÉES DURANT LES DIX-HUIT JOURS QU'A DURÉ LE VOYAGE POUR VENIR VOUS VOIR!
TOUTES, VOUS DITES?... MÊME CELLE DU TYPE COMPLÈTEMENT BEURRÉ QUI EST POURSUIVI PAR UN RAT?!?
OUI!
ET... ELLE N'A PAS RI??
NON!
POURTANT, QUAND LE RAT CRIE AU TYPE DU TROISIÈME ÉTAGE: "TU PEUX DIRE À TON CHAT DE DESCENDRE AUSSI!" C'EST... HAHA!... RIEN QUE D'Y PENSER, JE... HOHOHO!...
MOI AUSSI, HIHI!
WOUAAAAAH!...
MORRIS
V. LEONARDO
& B. de GROOT
7B

VOUS VOYEZ ?
OUI ! COMME C'EST ÉTRANGE !...
ENFIN, LUCILLE !..." TU PEUX DIRE À TON CHAT DE DESCENDRE AUSSI !..."
HEIN ?
HEIN ?
PFRRRT !...
WOUAAAAH !
8A
ÉCOUTEZ... HAHAHA !... JE NE VOIS PLUS QU'UNE SEULE... HIHIHI !... SOLUTION !... JE VAIS... HÉHÉHÉ !... VOUS FAIRE UN MOT POUR GELÉE NOCTURNE, L'HOMME-MÉDECINE DE LA TRIBU... HUHUHU !... DES PIEDS ENFLÉS !... LUI POURRA PEUT-ÊTRE FAIRE QUELQUE CHOSE !
C'EST GENTIL ! HIHIHI !...
J'AI AJOUTÉ UNE PETITE MISSIVE POUR MON FRÈRE QUI EST DIRECTEUR D'UN PÉNITENCIER SITUÉ NON LOIN DE LA TRIBU DES PIEDS-ENFLÉS ! IL VOUS LOGERA QUELQUES JOURS !
MERCI POUR TOUT, DOCTEUR !
TU SAIS, PAPA, IL NE FAUT PAS QUE TU T'EN FASSES POUR MOI !... CE N'EST PAS PARCE QUE JE NE RIS PAS QUE JE NE T'AIME PAS !
JE SAIS, MA CHÉRIE ! MAIS RIRE, C'EST VRAIMENT UN GRAND BONHEUR QUE JE VOUDRAIS TE FAIRE CONNAÎTRE !
VOILÀ LA DILIGENCE !
À CE PROPOS, TU CONNAIS L'HISTOIRE DE LA SOURIS QUI SE PROMÈNE DANS LE GRENIER AVEC SON SOURICEAU ?
MORRIS
V. LEONARDO
& B. de GROOT
PAPA ! JE T'EN PRIE ! ARRÊTE UN PEU AVEC TES HISTOIRES !
8B

STOP!...
MAIS QUI SONT CES GENS, À LA FIN ?
LES FRÈRES TWINS, MONSIEUR QUETCHUPPE !
?!? COMMENT SE FAIT-IL QUE TOUT LE MONDE NOUS RECONNAISSE ?!?
ET LES FRÈRES TWINS, ILS LA CONNAISSENT, EUX, L'HISTOIRE DE LA SOURIS QUI SE PROMÈNE AVEC SON SOURICEAU DANS LE GRENIER ?
NON ! RACONTEZ-NOUS !
C'EST DONC UNE SOURIS QUI SE PROMÈNE DANS LE GRENIER AVEC SON PETIT. UNE CHAUVE-SOURIS PASSE ET LE SOURICEAU DIT : "REGARDE, MAMAN ! UN ANGE !..."
BRAVO, MONSIEUR QUETCHUPPE ! VOUS ÊTES TRÈS FORT !
C'ÉTAIT FACILE !
9A
ET AINSI...
MONSIEUR QUETCHUPPE ?... ET VOICI LUCILLE, JE SUPPOSE ? MON FRÈRE M'A PRÉVENU ! JE VOUS ATTENDAIS ! JE SUIS HILLARY, DIRECTEUR DE CET ÉTABLISSEMENT !
SNIF ! SNIF !
HEU... ET LUI, C'EST RANTANPLAN !
MIAM !
EN TOUT CAS, IL EST AFFECTUEUX !
NON !... GOURMAND !
VOUS AVEZ MANGÉ DE L'AIL, CE MIDI ?
LAP! LAP! LAP!
-MORRIS- V. LEONARDO & B. de GROOT
HEU... OUI !
ÉH BEN, C'EST ÇA ! RANTANPLAN ADORE L'AIL !
LAP! LAP!
9B

ET C'EST LÀ QU'UN DÉBUT DE MIRACLE PREND FORME...
EN EFFET, UN EXCELLENT OBSERVATEUR POURRA CONSTATER AVEC UNE STUPEUR NON DÉNUÉE D'ENTHOUSIASME QU'UNE DES COMMISSURES DE LUCILLE S'EST LÉGÈREMENT RELEVÉE...
...FAISANT AINSI NAÎTRE L'ÉBAUCHE D'UN COMMENCEMENT DE SEMBLANT DE SOURIRE MINUSCULE !...
...MALHEUREUSMENT VITE ENVOLÉ !
IL EST PLUTÔT MARRANT COMME CHIEN, CE RANTANPLAN !
BON ! ALLONS MANGER UN MORCEAU ET DORMIR ! DEMAIN, IL Y AURA DE LA ROUTE À FAIRE !
C'EST CELA ! PASSONS À TABLE. PUIS, JE VOUS MONTRERAI VOS CELL... HEU... VOS APPARTEMENTS !
MANGER ! IL A PRONONCÉ LE MOT CULTE ! SUIVONS-LE !
C'EST MON DIEU, CE TYPE !
10A
LE LENDEMAIN...
SOYEZ PRUDENTS !
COMPTEZ SUR NOUS, MONSIEUR LE DIRECTEUR ! À DANS TROIS JOURS !
C'EST GENTIL D'AVOIR PERMIS QUE RANTANPLAN NOUS ACCOMPAGNE, MON PETIT PAPA !
CE N'EST RIEN, MON ANGE...
CEPENDANT, JE ME DEMANDE SI JE NE VAIS PAS ARRÊTER L'AIL ! ...DÉFINITIVEMENT !
-MORRIS- V. LEONARDO & B. de GROOT
10B

OUILLE! OUILLE! AÏE! OUILLE!
?
C'EST UN CHANT DE GUERRE INDIEN, PAPA ?
PAS DU TOUT, MA PETITE FILLE! LA TRADITION VEUT QUE NOUS PORTIONS DES MOCASSINS TROP PETITS POUR JUSTIFIER LE NOM DE NOTRE TRIBU!
VOUS APPARTENEZ À LA TRIBU DES PIEDS-ENFLÉS ?
11 A
OUI! COMMENT AVEZ-VOUS DEVINÉ ?
UNE INTUITION!...
NOUS AVONS RENDEZ-VOUS AVEC GELÉE NOCTURNE, VOTRE HOMME-MÉDECINE!
AH! C'EST POUR UNE CONSULTATION! GELÉE NOCTURNE EST TRÈS CONNU! C'EST UNE SOMMITÉ!
...UNE GROSSE POINTURE, COMME ON DIT CHEZ NOUS!
POUVEZ-VOUS NOUS CONDUIRE JUSQU'À LUI ?
DE CE PAS!
OUILLE! AÏE! OUILLE!
ÇA ME RAPPELLE L'HISTOIRE DU CORDONNIER MAL CHAUSSÉ QUI...
PAPA! CE N'EST PAS LE MOMENT!
MORRIS V. LEONARDO & B. de GROOT
11 B

N'EMPÊCHE... J'ESPÈRE QUE CET HOMME-MÉDECINE POURRA T'AIDER, PARCE QU'APRÈS LUI, IL N'Y A PLUS VRAIMENT GRAND ESPOIR!
OUILLE!
AÏE!
AÏE!
NOUS AVONS FAIT LE TOUR DE TOUS LES PLUS GRANDS MÉDECINS DES ÉTATS-UNIS D'AMÉRIQUE, ET PAS UN SEUL N'A PU QUELQUE CHOSE POUR TOI!
OUILLE!
AÏE!
OUILLE!
AÏE!
LE CAMPEMENT DES PIEDS ENFLÉS!
SANS BLAGUE?
12A
LE TIPI DU DOCTEUR!
MERCI, L'AMI!
ACCUEIL
BONJOUR, MONSIEUR!
MADEMOISELLE!
VOUS ÊTES MONSIEUR...?
ACCUEIL
EUH... QUETCHUPPE. JE... J'AI RENDEZ-VOUS! C'EST POUR LA PETITE LUCILLE!
AH! OUI. JE VOIS...
ACCUEIL
SI VOUS VOULEZ BIEN PATIENTER QUELQUES INSTANTS, LE DOCTEUR VA VOUS RECEVOIR. VOUS AVEZ LA SALLE D'ATTENTE, LÀ!
!
ACCUEIL
MORRIS
V. LEONARDO
& B. de GROOT
12B

...ET N'OUBLIEZ PAS ! LES YEUX DE POISSON, C'EST APRÈS LES REPAS !
...CE SONT LES LANGUES DE CRAPAUDS QUI SE PRENNENT AVANT !
SUIVANT !
C'EST MONSIEUR QUETCHUPPE POUR SA FILLE LUCILLE !
AH ! OUI... LA PETITE FILLE QUI NE RIT JAMAIS !... ON VA VOIR ÇA !
PRÉPAREZ-MOI LE NÉCESSAIRE, MADEMOISELLE BEAUTÉ ! ET VOUS DEUX, SUIVEZ-MOI A L'INTÉRIEUR !
13A
VOS FICHES, DOCTEUR !
MERCI !
TU FERAS BIEN TOUT CE QUE TE DIRA LE DOCTEUR, HEIN, LUCILLE ?
MAIS OUI, PAPA !
L'ÉCORCE DE BOULEAU POUR L'AFFECTION, LE SAPIN POUR LES INCANTATIONS !
AH ! OUI... NE PAS ME TROMPER COMME LA DERNIÈRE FOIS !
MIAM ! DES BISCUITS !
??!
MAIS ?! IL ME FICHE MES FICHES EN L'AIR !!
LES INCAN-TATIONS !
DES BOUDOIRS ! MA FRIANDISE PRÉFÉRÉE...
...APRÈS LES BON-BONS À LA NAPHTALINE !
MORRIS V. LEONARDO & B. de GROOT
13B

MADEMOISELLE BEAUTÉ !... EUH... INTÉRIEURE, ENLEVEZ-MOI CE CANIDÉ ET APPORTEZ-MOI LE DOUBLE DES FICHES, JE VOUS PRIE !
L... LE DOUBLE DES...
MIAM ! GLUP ! CROC !
C'EST QUE... JE N'AI PAS SONGÉ À EN FAIRE DES DOUBLES, MOI !...
QUOI ?!?
JE... J'AI DÛ MAL ENTENDRE ! POUVEZ-VOUS ME RÉPÉTER ÇA TRÈS LENTEMENT, MADEMOISELLE ?
BIEN SÛR !
JE VOUS DISAIS QU'IL NE M'EST PAS VENU À L'ESPRIT DE FAIRE DES DOUBLES DE VOS FICHES, DOCTEUR !
AH ! BEN... NON ! J'AVAIS BIEN ENTENDU !
14A
MAIS QUI M'A FICHU UNE SECRÉTAIRE MÉDICALE AUSSI NULLE ?!!
C'EST FOU CE QU'ON A DU MAL À TROUVER DU PERSONNEL QUALIFIÉ À NOTRE ÉPOQUE, MON BON MONSIEUR !
ÇA !...
MIAM ! CHOMP ! SCRONCH !
MORRIS
V. LEONARDO
& B. de GROOT
ET TOI, ARRÊTE DE BOULOTTER LE PEU QUI RESTE DE MES FICHES !!!
?
14B

D'ABORD, RENDS-MOI ÇA !
MON BOUDOIR !
EUH ...
BON ! ... BEN, JE CROIS QU'IL NE ME RESTE PLUS QU'À ME SOUVENIR DES FORMULES TOUT SEUL ...
C'ÉTAIT COMMENT, DÉJÀ ? AH ! OUI ... VOILÀ !
WAKATANGA MATA GAGA LUCILLA !
MOI AUSSI, J'ADORE LA POLKA !
15A
BROBOLOM !
BROM !
AVEC CE FICHU TEMPS, ON NE SAIT PLUS COMMENT S'HABILLER !
EUH ...
?!!
J'AI DÛ ME TROMPER QUELQUE PART ! ... JE RECOMMENCE !
OGLA...
NON ! ÇA, C'EST LA FORMULE POUR UNE TRANSFORMATION EN CANARD !
STOP !
MORRIS
V. LEONARDO
& B. de GROOT
15B

MAIS, POURQUOI ?
JE N'AI PAS ENVIE QUE VOUS CHANGIEZ MON PETIT LAPIN EN CANARD !
PAPA !
VIENS, LUCILLE ! PARTONS, PUISQUE PERSONNE NE PEUT NOUS AIDER !
VOYONS, MONSIEUR QUETCHUPPE ! REVENEZ, QUOI !...
JE FINIRAI BIEN PAR LA TROUVER, LA BONNE FORMULE !
NON, DOCTEUR ! JE NE PRENDS PAS CE RISQUE !
MA PETITE LUCILLE M'EST BIEN TROP PRÉCIEUSE !... ET DITES AU REVOIR À... MACHIN... VOTRE SECRÉTAIRE, LÀ !...
16A
BEAUTÉ MACHIN, VOUS ÊTES VIRÉE !
ALLEZ, RANTANPLAN ! DIS AU REVOIR, ON S'EN VA !
!
SNIF! SNIF!
HOP!
?
FLUTÔT AFFECTUEUX, FE FIEN-LÀ, HEIN ?
NE ME DITES RIEN ! LAISSEZ-MOI DEVINER...
LAP! LAP! LAP!
VOUS AVEZ MANGÉ DE L'AIL CE MIDI, NON ?
MORRIS
V. LEONARDO & B. de GROOT
16B

MAIS... COMMENT FAVEZ-VOUS CELA ?!?
SIMPLE INTUITION !...
LAP! LAP! LAP!
ICI, LE MÊME EXCELLENT OBSERVATEUR QU'A' L'IMAGE 2 DE LA PLANCHE 10 POURRAIT, POUR LA 2ème FOIS, CONSTATER LA NAISSANCE D'UN SEMBLANT DE SOURIRE... PLUS MARQUÉ MÊME QUE LA 1ère FOIS...
ALLONS! EN ROUTE!
VIENS, RANTANPLAN!
IL NE NOUS RESTE PLUS QU'A' RETOURNER A' LA MAISON! J'ESPÉRAIS POURTANT T'Y RAMENER GUÉRIE, LUCILLE...
MAIS ?!? CE CHARIOT RECULE ?
17A
C'EST TA MAMAN QUI VA ÊTRE TRISTE!
JE DEVRAIS PEUT-ÊTRE LES PRÉVENIR QU'ON S'ÉLOIGNE DU BUT!
VOUS NE DEVEZ PAS VOUS EN FAIRE, MAMAN ET TOI, MON PAPOUNET CHÉRI !... J'AI BIEN VÉCU JUSQUE LA' SANS RIRE !... JE CONTINUERAI, VOILA' TOUT!
ET PUIS, ON NE SAIT JAMAIS !... PEUT-ÊTRE QU'UN JOUR, UN MIRACLE...
OUI! TU AS RAISON, MA LUCILLE!... PEUT-ÊTRE QU'UN JOUR...
STOP!
MORRIS - V. LEONARDO & B. de GROOT
17B

LES FRÈRES TWINS !!
MAIS COMMENT ONT-ILS FAIT POUR NOUS RECONNAÎTRE, CETTE FOIS ?!?
C'EST VRAI, ÇA !... NOUS NOUS ÉTIONS CHANGÉS, POURTANT !
ON AURAIT PEUT-ÊTRE DÛ SE DÉGUISER !...
HUM ! HUM ! BROUM !...
?
?
C'EST L'HISTOIRE D'UN NAIN QUI ENTRE DANS UN SALOON... APRÈS UNE LONGUE MARCHE, IL ARRIVE ENFIN AU PIED DU COMPTOIR. IL PREND UN BON ÉLAN ET SAUTE EN CRIANT : "UNE LIMONADE, S'IL VOUS PLAÎT !"
18A
UNE MINUTE SE PASSE,... RIEN ! IL PREND À NOUVEAU SON ÉLAN ET RESSAUTE EN CRIANT : "UNE LIMONADE, S'IL VOUS PLAÎT !" TOUJOURS RIEN. TOUJOURS AUCUNE RÉACTION...
IL RACONTE BIEN, HEIN ?
... IL DÉCIDE ALORS DE FAIRE LE TOUR DU COMPTOIR ET, QUAND, AU BOUT DE VINGT MINUTES, IL Y ARRIVE...
MORRIS
V. LEONARDO
& B. de GROOT
... C'EST POUR VOIR, DERRIÈRE LE COMPTOIR, LE BARMAN, QUI SE TROUVE ÊTRE ÉGALEMENT UN NAIN, ET QUI SAUTE EN CRIANT : "ORANGE OU CITRON ?" "ORANGE OU CITRON ?" "ORANGE OU CITRON ?"
WAAAAAAAAAAH !!
ZZ
18B

ELLE EST BONNE !
T'AS RAISON !
WAAAAH !
OUI ! MAIS... ON S'EST ENCORE FAIT AVOIR !... ON NE LES A PAS DÉVALISÉS !...
BOUHOUHOU !
MAIS QUAND MÊME... ELLE ÉTAIT BONNE !
T'AS RAISON !
WAAAAH !
19A
PENDANT CE TEMPS...
AH ! ON NE DOIT PLUS ÊTRE LOIN DU PÉNITENCIER ...
FAUDRA SONGER À LEUR RENVOYER LES BOULETS !...
TAIS-TOI, AVERELL !
TAIS-TOI, AVERELL !
TAIS-TOI, AVERELL !
NOUS SOMMES ARRIVÉS ...
ALERTE ! LES DALTON SE SONT ÉVADÉS !
JACK CRAPS AUSSI !
TÉLÉGRAPHIEZ À LUCKY LUKE !
MORRIS
V. LEONARDO
& B. de GROOT
19B

C'EST DE VOTRE FAUTE S'ILS SE SONT ÉVADÉS, JARVIS !
AAARG ! MONSIEUR LE DIRECTEUR !
AH ! C'EST VOUS !... ÇA A ÉTÉ POUR LA PETITE LUCILLE ?
TIENS ! MAIS CE SONT LES DEUX DANSEUSES DE L'AUTRE JOUR !
HÉLAS, NON ! L'HOMME-MÉDECINE N'A RIEN PU FAIRE DE PLUS QUE LES AUTRES DOCTEURS !
ELLES NE PEUVENT PLUS SE PASSER L'UNE DE L'AUTRE, DIRAIT-ON !
JE SUIS VRAIMENT DÉSOLÉ, MONSIEUR QUETCHUPPE ! ET QUE COMPTEZ-VOUS FAIRE ?
ET ALLONS-Y GAIEMENT !... ET QUE JE TE DANSE LE TANGO, ET QUE JE TE DANSE LA MAZURKA...
20A
QUE VOULEZ-VOUS QU'ON FASSE ? ON A DÉJÀ TOUT ESSAYÉ, LUCILLE ET MOI !
ET VOTRE PARTENAIRE, LÀ, LA GROSSE, ELLE FAIT TAPISSERIE ?
MAIS ?!!?
SNIF? SNIF?
DEMAIN, NOUS ALLONS PRENDRE LE CHEMIN DU RETOUR !
MORRIS
V. LEONARDO
& B. de GROOT
MATHILDE, LA MAMAN DE LUCILLE, MA FEMME, NOUS MANQUE ! QUANT À MOI, IL FAUT QUE JE FASSE TOURNER L'USINE !... IL Y A PLUS DE TROIS MOIS QUE NOUS SOMMES PARTIS !
CETTE DANSEUSE A MANGÉ DE L'AIL !
20B

C'EST LÀ QUE, POUR LA TOUTE PREMIÈRE FOIS, L'INCROYABLE SE PRODUIT !
HA!
QUE ... QU'AS-TU DIT LÀ, MA FILLE ?!?
JE NE SAIS PAS BIEN... "HA", JE CROIS !
MAIS, "HA", MA CHÉRIE, C'EST LE DÉBUT DU RIRE !
MIRACLE! MIRACLE!
?
IL SUFFIT DE LE FAIRE SUIVRE PAR D'AUTRES "HA", C'EST TOUT!
MIRACLE! MIRACLE!
21A
PEUT-ÊTRE QU'UNE PETITE BLAGUE, À PRÉSENT, SUFFIRAIT À ...
MIRACLE! MIRAC...
PAF!
AÏE!
EUH... NON! CE N'EST PAS LE BON MOMENT...
BEN, QUOI? LA PETITE RIT! C'EST UN MIRACLE, TOUT DE MÊME, MONSIEUR LE DIRECTEUR !
PAF!
BIEN, MONSIEUR LE DIRECTEUR !
N'EMPÊCHE! CE N'EST QU'UN DÉBUT, CERTES, MAIS TU ES EN TRAIN DE GUÉRIR!
ET JE SUIS FOU DE JOIE! PARCE QUE ÇA, POUR UN MIRACLE, C'EST UN VRAI MIRACLE!
BEN... POURQUOI LUI PEUT LE DIRE ET PAS MOI ?
PAF!
BIEN, MONSIEUR LE DIRECTEUR! SNIF!
TOUT LE MONDE DANSE, MAIS PERSONNE NE SONGE À M'INVITER!
J'AI UNE IDÉE!
CLAC
MORRIS
V. LEONARDO & B. de GROOT
21B

C'EST BIEN RANTANPLAN QUI A FAIT SOURIRE MA PETITE LUCILLE, N'EST-CE PAS ?
OUI !...
BEN... MOI AUSSI JE SUIS COMME VOUS : J'AI FAIM !
...MÊME QUE C'ÉTAIT UN MI...
PAF !
AÏE !
JE VOULAIS DIRE UN MIGNON
PETIT SOURIRE !
OH ! PARDON !...
QUAND VOUS AUREZ FINI DE VOUS TAPER DESSUS, JE POURRAI PEUT-ÊTRE TERMINER...
EXCUSEZ-NOUS !
OUI ! EXCUSEZ-LE !
22A
C'EST RANTANPLAN, DISAIS-JE, QUI A PROVOQUÉ UN DÉBUT DE RIRE CHEZ MA FILLE ! CELA M'A DONNÉ UNE IDÉE...
GRAT !... GRAT !...
PRENDRE, SI VOUS LE PERMETTEZ, RANTANPLAN AVEC NOUS POUR LE VOYAGE DE RETOUR ! PEUT-ÊTRE QUE SA PRÉSENCE GUÉRIRA LUCILLE !
JE SAIS QU'IL VOUS EN COÛTE DE VOUS PASSER DE RANTANPLAN,
MAIS...
MAIS NON ! EUH...
FAITES ! FAITES !
ÇA NE NOUS DÉRANGE PAS DU TOUT !
LE CRÉT... EUH... NON ! NON !... PRENEZ-LE !
JE ME DEMANDE SI L'INSTANT EST BIEN PROPICE POUR ENTONNER L'HYMNE NATIONAL ?!
PRENEZ-LE, PAR PITIÉ ! EUH... PAR PITIÉ POUR VOTRE FILLE, ON VEUT DIRE !
ON INSISTE ! ON INSISTE !
MORRIS - V. LEONARDO - B. de GROOT
22B

D'ACCORD! ON VOUS LE PRÊTE DE BON COEUR! ÇA NOUS FERA DES VAC... JE VEUX DIRE ÇA NOUS FERA PLAISIR DE VOUS AIDER!
EH BIEN, PUISQUE TOUT LE MONDE EST D'ACCORD, IL FAUT FÊTER DIGNEMENT L'ÉVÉNEMENT!
JE VOUS INVITE TOUS AU RESTAURANT!
PLUS TARD...
JE NE SAIS PAS SI C'EST TRÈS RÉGLEMENTAIRE DE FAIRE SORTIR LES PRISONNIERS D'UN PÉNITENCIER QUAND ILS N'ONT PAS PURGÉ LEUR PEINE...
BAH! ÇA LES CHANGERA DES HARICOTS AU LARD!
23A
LE BEDON RESTAURANT
ON VOIT BIEN QUE CE N'EST PAS VOUS QUI RISQUEZ LES ENNUIS!
...MONSIEUR QUETCHUPPE? AH! OUI... C'EST VOUS QUI AVEZ RÉSERVÉ POUR 32 COUVERTS! SI VOUS VOULEZ BIEN VOUS INSTALLER...
ATTENDEZ! ATTENDEZ!
TODAY'S SPECIAL
?
AVERELL DALTON?!
TIENS? MAIS, C'EST AVERELL!
ÇA VA, AVERELL?
IL A DÛ SENTIR QU'ON ALLAIT MANGER!
OUI! JE ME RENDS!
MIAM!
MORRIS – V. LEONARDO – B. de GROOT
23B

CES MESSIEURS ONT-ILS FAIT LEUR CHOIX ?
DES HARICOTS AU LARD !
?!!
C'EST MEILLEUR ICI QU'EN PRISON, LES HARICOTS, HEIN ?
C'EST VRAI QU'ILS ONT MEILLEUR GOÛT !
C'EST ÇA, LE GOÛT DE LA LIBERTÉ !
JE COMMENCE À REGRETTER MON ÉMINCÉ DE SAUMON À LA TOSCANE, MOI !
ALORS, MONSIEUR AVERELL ! QUE PENSEZ-VOUS DE CETTE IDÉE DE VOUS EMMENER TOUS AU RESTAURANT ?
EUH... Y A DU RAB ?
24A
BREF...
LE BEDON RESTAURANT
M... MESSIEURS ! MESSIEURS ! VOS VESTIAIRES ! PFF ! ... PFF ! ...
QUELLE MERVEILLEUSE SOIRÉE !
C'ÉTAIT MAGNIFIQUE !
MERCI, MONSIEUR QUETCHUPPE !
J'AI COMME LA CURIEUSE IMPRESSION D'ÊTRE DÉJÀ VENU À CET ENDROIT...
HOME, SWEET HOME !
POURVU QUE TOUTE CETTE NOURRITURE NE M'AIT PAS COUPÉ L'APPÉTIT ! IL PARAÎT QUE C'EST MERCREDI, AUJOURD'HUI, ET LE MERCREDI, IL Y A DES HARICOTS AU LARD POUR DÎNER !
MORRIS - V. LEONARDO - B. de GROOT
24B

MAINTENANT, FINI DE RIRE ! TOUT LE MONDE AU LIT ! DEMAIN, IL Y A DU BOULOT !
DE FAIT, LE LENDEMAIN, CHACUN REPREND SES ACTIVITÉS NORMALES...
BON ! OÙ EN ÉTAIS-JE ? DÉJÀ ?... AH ! OUI...
BON ! OÙ EN DÉJÀ ?...
ÉTAIS-JE, AH ! OUI...
ALORS ? ÇA Y EST ? C'EST LE DÉPART ?
BEN, OUI !
J'OSE ESPÉRER QUE RANTANPLAN POURRA FAIRE QUELQUE CHOSE POUR MA LUCILLE ! EN ATTENDANT, MERCI POUR TOUT, MONSIEUR LE DIRECTEUR !
JE VOUS EN PRIE !
SNIF ! SNIF ! ALERTE ! UNE GOUSSE D'AIL VIENT DE S'ÉVADER !
25A
ALLEZ ! VIENS, RANTANPLAN !
ILS PEUVENT DIRE TOUT CE QU'ILS VEULENT, JE M'EN FICHE ! JE LES ACCOMPAGNE !
AU REVOIR !
OH ! LE PÉNITENCIER S'ÉLOIGNE ! JE NE SAVAIS PAS QU'IL ÉTAIT MOBILE !...
NOUS ALLONS FAIRE UNE FAMEUSE ÉQUIPE, TOUS LES TROIS !
MAIS NON ! VOUS VERREZ QU'ON FERA UNE FAMEUSE ÉQUIPE, TOUS LES TROIS !
YAHOUUU ! RIEN NE NOUS ARRÊTERA, ET...
STOP !
LES FRÈRES TWINS ! ENCORE ?!?
DESCENDEZ DU CHARIOT !
25B

ALLEZ! LES MAINS EN L'AIR!
BON! CONNAISSEZ-VOUS CELLE DE CET HOMME QUI ÉTAIT SI PETIT, MAIS ALORS LÀ, SI PETIT, QUE...
BONJOUR, BEL ÉLÉPHANT!
AH! NON... C'EST VRAI!... JE L'AI DÉJÀ RACONTÉE, CELLE-LÀ!
MAIS QU'EST-CE QU'IL RACONTE ??
QU'EST-CE QUE TU DIS ?
?!
26A
FAUT QU'ON VOUS PRÉVIENNE, MONSIEUR QUETCHUPPE!... COMME, À CAUSE DE VOS BLAGUES, ON RIGOLE AU LIEU DE VOUS DÉVALISER, ON A DÉCIDÉ, MON FRÈRE ET MOI, DE CHANGER DE MÉTHODE...
QU'EST-CE QUE TU LUI DIS?
VOYEZ! ON S'EST MIS DU COTON DANS LES OREILLES! AINSI, ON N'ENTEND PLUS RIEN, ET SURTOUT PAS VOS FICHUES BLAGUES QUI NOUS FONT MOURIR DE RIRE...
ÇA NE T'ENNUIERAIT PAS DE PARLER UN PEU PLUS FORT ?
DONC, PLUS DE DANGER QU'ON FASSE AUTRE CHOSE QUE S'OCCUPER DE VOUS!
HÉ! JE TE PARLE! T'ES BOUCHÉ OU QUOI ?!?
DE PLUS, ON A UNE SURPRISE POUR VOUS! ON NE VOUS DÉVALISE PLUS... ON VOUS KIDNAPPE!
QUELLE RÂPE ?
MORRIS
V. LEONARDO & B. de GROOT
26B

ALLEZ ! LIGOTE-LES ET FILONS !
ALORS ? ÇA VIENT ?
?
MAIS ENFIN ! CESSE DE MURMURER SI TU VEUX QU'ON TE COMPRENNE ! DÉJÀ QU'ON N'ENTEND RIEN AVEC CE COTON DANS LES OREILLES...
LI- GO-TER !
IL POURRAIT AU MOINS ATTENDRE D'AVOIR DESCENDU SON COPAIN AVANT D'HURLER À LA MORT !
ÇA VA ! ÇA VA !... INUTILE DE CRIER !... JE NE SUIS PAS SOURD !
SNIF !
27A
HÉ ! MAIS... ÇA ME DONNE UNE IDÉE, ÇA !...
DITES, VOUS CONNAISSEZ CELLE DU TRAPPEUR QUI...
QUELLE JOLIE COMPTINE !
TEHEU... TEHEU... TEHEU... TEHEU...
ALLONS ! EN ROUTE...
JE N'ARRIVERAI JAMAIS À HURLER UNE BLAGUE JUSQU'AU BOUT !... NOUS SOMMES FICHUS !
UNE AUTRE ! UNE AUTRE !
MORRIS - V. LEONARDO - B. de GROOT
27B

FICHUS !... NOUS SOMMES FICHUS !...
MAIS NON, MON PETIT PAPA ! AIE CONFIANCE !
...ON S'EN SORTIRA, TU VERRAS !
BEN, TIENS ! QUI POURRA NOUS SAUVER DANS UN TROU AUSSI PERDU ?
À MOINS QUE... RANTANPLAN !!
QUELQU'UN VIENT DE CITER UN NOM QUI NE M'EST PAS INCONNU !...
AIE CONFIANCE MON PAPA ! AIE CONFIANCE !
28A
HALTE ! NOUS VOICI CHEZ NOUS !
NOUS AVONS TROUVÉ LE NOM IDÉAL POUR BAPTISER CET ENDROIT...
...AUSSI, NOUS VOUS SOUHAITONS LA BIENVENUE À MIDDLE OF NOWHERE GULCH !
MORRIS — V. LEONARDO — B. de GROOT
28B

QUE COMPTEZ-VOUS FAIRE DE NOUS ?
QUEL ENDROIT CHARMANT !
UN INSTANT !
QUE DISIEZ-VOUS ?
JE DEMANDAIS CE QUE VOUS COMPTIEZ FAIRE DE NOUS ?
IL A RAISON DE POSER LA QUESTION ! EFFECTIVEMENT, QUAND EST-CE QU'ON MANGE ?
29 A
EH BIEN, VOUS ALLEZ ÉCRIRE UNE JOLIE LETTRE À VOTRE ÉPOUSE ET AU DIRECTEUR DE VOTRE USINE DE SAUCE TOMATE !... UNE RANÇON DE $50.000 SERA EXIGÉE EN ÉCHANGE DE VOTRE LIBERTÉ !
MIAM ! CETTE RECETTE A L'AIR FAMEUSE... MAIS NE FAUDRAIT-IL PAS RAJOUTER UNE PINCÉE DE POIVRE ?
BIEN DIT !
VOUS ÊTES DES LÂCHES !
VOUS N'OSEZ MÊME PAS ÔTER VOS FOULARDS ET MONTRER VOS VISAGES !
AH, NON ?
DU SEL ? VOUS CROYEZ ?
?!!
ALORS ?...
AAAH !? OÙ SONT PASSÉS MES DEUX CUISTOTS DE TOUT À L'HEURE ?
OUI, BON !... FINALEMENT, LES FOULARDS, HEU... VOUS POUVEZ LES REMETTRE...
MORRIS
V. LEONARDO & B. de GROOT
29 B

JE VOUS DICTE DONC : "MA CHÉRIE, VIRGULE, MON CHER COLLABORATEUR, VIRGULE..."
STOP !
QU'EST-CE QU'IL Y A ENCORE ?
FAUDRAIT PEUT-ÊTRE ENLEVER MES LIENS, SI VOUS VOULEZ QUE J'ÉCRIVE...
JUSTE !
?
PAF !
"MA CHÉRIE, VIRGULE, MON CHER COLLABORATEUR, VIRGULE...
J'AI ESSAYÉ...
MÉCHANT ! VOUS AVEZ FRAPPÉ MON PETIT PAPA !!
30A
... BIEN À VOUS", ET VOUS SIGNEZ !
DONNEZ-MOI LA LETTRE, QUE JE VÉRIFIE SI TOUT EST CORRECT !
ET POURQUOI PAS À MOI ?
ENFIN, ZEKE !... TU OUBLIES QUE TU NE SAIS NI LIRE, NI ÉCRIRE !
"MA CHÉRIE, MON CHER COLLABORATEUR, NOUS SOMMES RETENUS PAR DES GENS DONT L'UN DES DEUX EST TRÈS INTELLIGENT. ILS DÉSIRENT MONNAYER NOTRE LIBERTÉ CONTRE UNE RANÇON DE... HÉ ?!?
VOUS AVEZ FAIT UNE ERREUR, LÀ ! J'AVAIS DICTÉ $ 50.000, PAS $ 200.000 !
OH ! PARDON !... JE RECTIFIE TOUT DE SUITE !
MORRIS
V. LEONARDO & B. de GROOT
AH ! IL FAUDRA AUSSI AJOUTER : "P.S. L'ENDROIT OÙ L'ARGENT DEVRA SE TROUVER VOUS SERA COMMUNIQUÉ ULTÉRIEUREMENT. NE PRÉVENEZ PAS LA POLICE SI VOUS VOULEZ NOUS REVOIR VIVANTS, LUCILLE ET MOI !"
PAS SI VITE !
BON, ÇA VA ! SURVEILLE-LES ! JE VAIS POSTER LA LETTRE !
O.K. !
30B

ET NE LES LAISSE SURTOUT PAS S'ÉCHAPPER, ZEKE!
PAS DE DANGER, JOHN! ILS SONT TOUS LES DEUX BIEN LIGOTÉS, ET JE LES TIENS À L'OEIL!
MAINTENANT QUE VOTRE FRÈRE EST LOIN, LAISSEZ-NOUS PARTIR! JE VOUS DONNERAI $ 5.000, ET JE NE DIRAI RIEN À LA POLICE!
C'EST TOUT À FAIT HORS DE QUESTION! MON FRÈRE ME L'A FORMELLEMENT INTERDIT!
TANT PIS! VOUS L'AUREZ VOULU!
31A
VAS-Y, RANTANPLAN! ATTAQUE!
SANS FAÇONS! JE N'AI PAS SOIF!
ATTAQUE, J'TE DIS!
ATTAQUE, RANTANPLAN! ATTAQUE! ATTAQUE! ATTAQUE! ...
CAUSE TOUJOURS...
A... ATTAQUE! ATTAQUE!...
Z
BON! ALORS, ÇA Y EST? C'EST TERMINÉ?
PFFFT... PFFFT...
ZZZZ...
31B
MORRIS – V. LEONARDO – B. de GROOT

PARCE QUE, SI VOUS AVEZ TERMINÉ, ON PEUT PASSER À TABLE ET MANGER !
MANGER ??
ÇA ME RAPPELLE QUELQUE CHOSE, ÇA !.. VOYONS...
AH ! OUI... "MANGER" + "À TABLE" = MIAM !
VOILÀ POUR LUCILLE...
POUR MONSIEUR QUETCHUPPE...
32A
...ET VOILÀ POUR RANTANPLAN !
!
GRRRR !
TE FÂCHE PAS ! TE FÂCHE PAS ! J'EN RAJOUTE !
GRRRR !
O.K. ! O.K. ! ENCORE UN PEU !
BEN... ET JE MANGE QUOI, MOI, DANS TOUT ÇA ?
SLURP ! MIAM ! CRUNCH !
BON ! MAINTENANT QUE TOUT LE MONDE A TERMINÉ...
ON VA REFAIRE LA LETTRE ! PARCE QUE MOI, JE PRÉFÉRAIS DE LOIN LA PREMIÈRE VERSION... CELLE À $ 200.000 !
MORRIS
V. LÉONARDO & B. de GROOT
32B

POUR POUVOIR ÉCRIRE, IL FAUDRAIT PEUT-ÊTRE ME DÉBARRASSER DE MES LIENS !
JUSTE !
PAPA ! NON ! NE...
?
PAF !
"MA CHÉRIE, VIRGULE, MON CHER COLLABORATEUR, VIRGULE"...
J'AI RÉ-ESSAYÉ !...
33A
SILENCE ! JE DISAIS DONC : "MA CHÉRIE, MON CHER COLLABORATEUR,"
Au colonel Hawzenbacon du 5e de cavalerie.
Mon Colonel,
"NOUS AVONS ÉTÉ KIDNAPPÉS PAR DEUX INDIVIDUS DONT UN EST TRÈS INTELLIGENT. IL NE S'AGIT PAS DE CELUI MENTIONNÉ DANS LA PREMIÈRE LETTRE, MAIS BIEN DE L'AUTRE..."
PAS SI VITE !
"LA PREUVE : IL VOUS PRIE DE RECTIFIER L'ERREUR QUI S'EST MALENCONTREUSEMENT GLISSÉE DANS LA PREMIÈRE MISSIVE."
Au colonel Hawzenbacon du 5e de cavalerie.
Mon Colonel,
Nous avons été kidnappés, ma fille et moi, par deux sombres crétins qui espèrent une rançon et qui croient que je suis en train d'écrire à mon épouse.
"EN EFFET, IL S'AGISSAIT BEL ET BIEN DE $ 200.000 ET NON DE $ 50.000."
MORRIS
V. LEONARDO
B. de GROOT
"BREF, VOUS POUVEZ DÉPOSER L'ARGENT SUR LE COMPTE N° 8.618 DE LA DOUGLAS FAIR BANK AU NOM DE ZEKE TWINS."
Ils nous retiennent prisonniers dans un canyon à vingt miles du pénitencier.
Au secours et merci d'avance.
Votre dévoué,
Horace Quetchuppe
33B

BIEN ! DONNEZ-MOI CETTE LETTRE, QUE JE VÉRIFIE SI TOUT EST CORRECT !
MAIS !?! ZEKE... VOUS NE SAVEZ NI LIRE, NI ÉCRIRE !...
BONSANG ! C'EST VRAI... J'OUBLIE TOUJOURS !
TANT PIS ! ALLEZ, ÉCRIVEZ L'ADRESSE SUR L'ENVELOPPE.
JE VAIS LA POSTER ET JE REVIENS ! TENEZ-VOUS TRANQUILLE D'ICI LÀ !
BAH !
HEUREUSEMENT, MON FRÈRE IGNORE CE RACCOURCI ! JE SERAI EN VILLE AVANT LUI !
...ET IL DIT QUE JE SUIS BÊTE !!
34A
QU'EST-CE QU'ON VA FAIRE, MON PETIT PAPA ?
NE T'INQUIÈTE PAS, MA LUCILLE ! J'AI ÉCRIT AU COLONEL EN GARNISON NON LOIN D'ICI !
NÉANMOINS, NOUS DEVONS TOUT PRÉVOIR ! L'ARMÉE PEUT ARRIVER TROP TARD...
IL FAUT NOUS DÉFAIRE DE NOS LIENS !
MAIS COMMENT ?... ET CE N'EST PAS RANTANPLAN QUI...
SI ! AU CONTRAIRE ! J'AI UNE IDÉE QUI NE MARCHERA QU'AVEC LUI !
TU VOIS CES GOUSSES D'AIL, LÀ, SUR LA TABLE ?... JE VAIS EN PRENDRE UNE AVEC LES DENTS ! JE LA FROTTERAI SUR TES LIENS ET RANTANPLAN, QUI EST FOU D'AIL, FERA LE RESTE !
MON PAPA, TU ES MON HÉROS !
34B
MORRIS
V. LEONARDO
& B. de GROOT

CHA... CHA Y EST PRECHQUE !
VAS-Y, MON PAPA !
?
MAIS CH'EST PAS FACHILE !
T'EN FAIS PAS ! CHA VA ALL... EUH !... ÇA VA ALLER, MON PETIT PAPA !
FROT... FROT... FROT...
IL N'Y A PLUS QU'À FAIRE CONFIANCE EN LA NATURE CANINE !
MWOUAIS... MAIS QUAND ON VOIT RANTANPLAN, ON PEUT SE POSER DES QUESTIONS SUR LA NATURE CANINE, JUSTEMENT...
SNIF? SNIF?
MA PAROLE ! MAIS ÇA SENT L'AIL, ICI ?!?
35A
ÇA VIENT DE LÀ !
HOP !
?
?!
TU VOIS CE QUE JE VEUX DIRE, MON PETIT PAPA ?...
MIAM !
C'EST CURIEUX... J'AI TOUT FINI, ET POURTANT, ÇA SENT ENCORE L'AIL !... ÇA DOIT VENIR D'AILLEURS...
AH ! LÀ-BAS !
RE-HOP !
¡¡¡¡¡H !
MORRIS V. LEONARDO & B. de GROOT
ÇA MARCHE, PAPA ! ÇA MARCHE ! MAIS ?!?
SLURP ! SLAP ! SLURP !
35B

ÇA...ÇA CHATOUILLE !
SLURP! SLAP! LAP!
ET C'EST LÀ, ENFIN, QUE LE VRAI MIRACLE SE PRODUIT !
HA! HA! HA! HA!
HAHAHAHA ! ARRÊTE, RANTANPLAN ! TU ME CHATOUILLES !
SLAP! LAP! LAP!
OH! COMME TU AVAIS RAISON, MON PAPA !... QUE C'EST BON DE RIRE ! HAHAHA !
MA FILLE EST GUÉRIE !!
LAP! SLAP!
ÉH BIEN, FINI DE RIRE ! JE SUIS DE RETOUR !
36A
MAIS... MAIS OÙ EST ZEKE ? QU'EN AVEZ-VOUS FAIT ?
NOUS ? RIEN DU TOUT !
MA GOUSSE D'AIL ! J'AI PERDU LA PISTE DE MA GOUSSE D'AIL !!
SNIF!
!
DÈS VOTRE DÉPART, IL M'A FORCÉ À ÉCRIRE UNE LETTRE SEMBLABLE À LA VÔTRE, MAIS POUR SOUTIRER UNE RANÇON SUPÉRIEURE, CETTE FOIS !
SUPÉRIEURE ?!?
OUI ! ENSUITE, COMME VOUS, IL EST PARTI LA POSTER EN VILLE !
D'AILLEURS, LE VOILÀ !
ON POURRA DIRE QU'ELLE AURA SU ME TENIR EN HALEINE, CELLE-LÀ !
SNIF?
D'OÙ VIENS-TU, ZEKE ?
JE... JE ME SUIS PERDU AU RETOUR DANS MON RACCOURCI !
36B

ALORS ? IL PARAÎT QUE TU FAIS ÉCRIRE DES LETTRES ?
OUI ! POUR AVOIR $ 200.000 AU LIEU DE $ 50.000 !
AVEC TOUT ÇA, ON AVAIT OUBLIÉ D'ATTACHER RANTANPLAN ...
DITES ! J'ÉTAIS OCCUPÉ, LÀ !
QUI SAIT ? AVEC LES DEUX LETTRES, PEUT-ÊTRE AURA-T-ON $ 250.000 !
REPRENONS DEPUIS LE DÉBUT : ELLE COURT, ELLE COURT, CETTE GOUSSE D'AIL !...
ESPÈCE D'ANDOUILLE !!!
TIENS ? ENCORE UN NOM QUE JE CONNAIS BIEN !
COMMENT AS-TU VÉRIFIÉ CE QUE QUETCHUPPE A ÉCRIT, PUISQUE TU NE SAIS PAS LIRE ?
ELLE EST PASSÉE PAR ICI ...
37A
IMAGINE UN INSTANT QU'IL AIT ÉCRIT "NOUS AVONS ÉTÉ KIDNAPPÉS, MA FILLE ET MOI, PAR DEUX SOMBRES CRÉTINS QUI ESPÈRENT UNE RANÇON ET QUI CROIENT QUE JE SUIS EN TRAIN D'ÉCRIRE À MON ÉPOUSE" !
GLOP !
... ELLE REPASSERA PAR LÀ !
RECONNAIS QUE TU ES UNE PARFAITE ANDOUILLE, ZEKE !
!
SNIF !
HOURRAH ! JE L'AI RETROUVÉE !
?!?
DÉCIDÉMENT, JE SUIS ACCRO !
BOM !
HAHA ! HAHA !
- MORRIS - V. LEONARDO - B. de GROOT
37B

PAPA ! ÇA Y EST ! JE SUIS LIBRE !
ET LES TWINS SONT SONNÉS ! VITE ! DÉLIVRE-MOI !
SLURP !
C'EST TROP SERRÉ ! JE N'Y ARRIVE PAS !
ESSAYE AVEC LES DENTS !
GNNN...
!
JE N'AURAIS JAMAIS CRU QU'ELLE PUISSE AUTANT AIMER L'AIL, ELLE AUSSI...
ENFIN ! FILONS D'ICI EN VITESSE !
38 A
!
AH, OUI ? ESSAYEZ, POUR VOIR !...
YAAAAH !
!?!
PAF !
C'EST PAS CROYABLE, LA QUANTITÉ DE CORDE QU'ON TROUVE DANS CETTE CABANE !...
TAISEZ-VOUS !
LA BOSSE, EH ! HA ! HA ! HA !
MORRIS V. LEONARDO & B. de GROOT
38 B

TON PÈRE EST SAUVAGEMENT AGRESSÉ, ET ÇA TE FAIT RIRE ?
ON VOIT BIEN QUE TU N'AS PAS VU TA BOSSE ! UN VRAI ŒUF D'ÉLÉPHANT !
WAHAHAHAHA !
SILENCE, VOUS DEUX ! ON NE S'ENTEND PLUS ÉCHAFAUDER DES PLANS !
ALORS, CE BON ENDROIT OÙ FAIRE DÉPOSER LA RANÇON, TU Y RÉFLÉCHIS ?
ET POURQUOI PAS ICI MÊME ?! CE SERAIT PLUS FACILE POUR NOUS !
39A
ET POURQUOI PAS AU PÉNITENCIER, TANT QU'ON Y EST ?
!
HÉ ! CE N'EST PAS UNE MAUVAISE IDÉE, ÇA ! ON DEVRA DE TOUTE FAÇON Y PASSER POUR DÉPOSER RANTANPLAN !...
MORRIS V. LEONARDO & B. de GROOT
PAF !
ABRUTI !
MAIS QU'EST-CE QUE J'AI DIT ?
WHAHAHA !
POURQUOI TANT DE CHAGRIN ?!?
39B

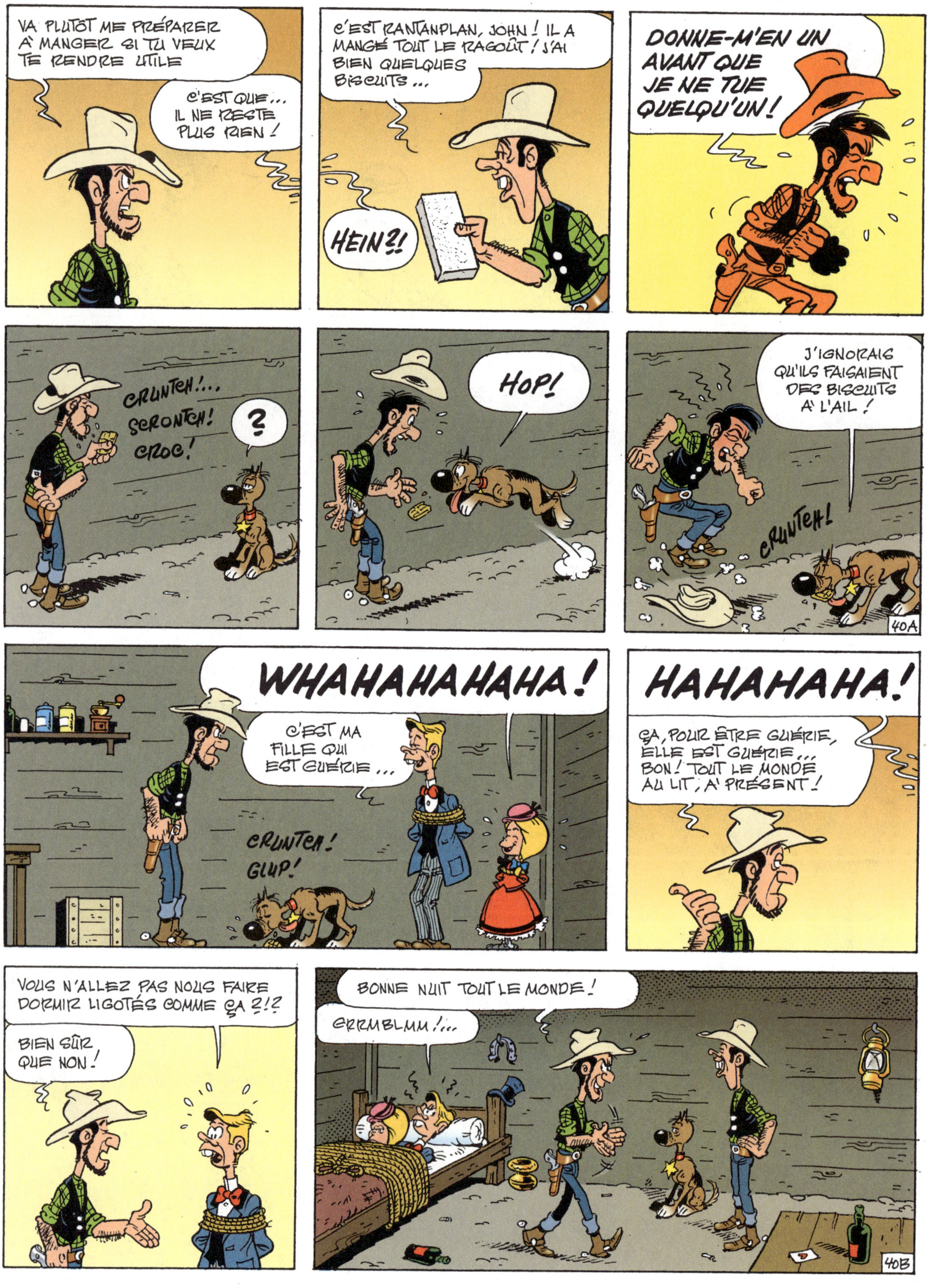
VA PLUTÔT ME PRÉPARER À MANGER SI TU VEUX TE RENDRE UTILE
C'EST QUE... IL NE RESTE PLUS RIEN !
C'EST RANTANPLAN, JOHN ! IL A MANGÉ TOUT LE RAGOÛT ! J'AI BIEN QUELQUES BISCUITS...
HEIN ?!
DONNE-M'EN UN AVANT QUE JE NE TUE QUELQU'UN !
CRUNTCH !... SCRONTCH ! CROC !
?
HOP !
J'IGNORAIS QU'ILS FAISAIENT DES BISCUITS À L'AIL !
CRUNTCH !
40A
WHAHAHAHAHAHA !
C'EST MA FILLE QUI EST GUÉRIE...
CRUNTCH ! GLUP !
HAHAHAHA !
ÇA, POUR ÊTRE GUÉRIE, ELLE EST GUÉRIE... BON ! TOUT LE MONDE AU LIT, À PRÉSENT !
VOUS N'ALLEZ PAS NOUS FAIRE DORMIR LIGOTÉS COMME ÇA ?!?
BIEN SÛR QUE NON !
BONNE NUIT TOUT LE MONDE !
GRRMBLMM !...
40B

LE LENDEMAIN...
ZZZ...
J'AI MAL DORMI ! RANTANPLAN M'A LÉCHÉ TOUTE LA NUIT !
ALORS, POUR LE PETIT DÉJEUNER, BISCUITS À L'AIL, OU BISCUITS À L'AIL ?
OH ! ÇA VA, HEIN !
ET POURQUOI PAS DES BISCUITS À L'AIL ?
ÇA... ÇA Y EST ! ÇA ME REPREND !...
CRUNCH !
CROC !
CHOMPS !
BAH !
JE... JE SENS QUE JE NE VAIS PLUS TENIR TRÈS LONGTEMPS !
41A
ÇA Y EST ! JE CRAAAQUE !
VITE, LUCILLE ! PROFITONS DE LA CONFUSION POUR FILER !
GNAP !
!
GNAP !
!
MERCHI !
FONCE, LUCILLE ! FONCE !
PAF !
FAUDRA QUE J'ARRÊTE DE VOULOIR M'ÉVADER ... ÇA FAIT BIEN TROP MAL AU CRÂNE...
MORRIS
V. LEONARDO & B. de GROOT
41B

QUELQUES JOURS PLUS TARD...
ÇA Y EST ! J'AI FAIT SAVOIR AUX QUETCHUPPE QUE L'ARGENT DOIT ÊTRE DÉPOSÉ À 10 HEURES DERRIÈRE LE 3ème MAUSOLÉE DU CIMETIÈRE DE TOMBSTONE !
ON A ENCORE LE TEMPS ! QUELQU'UN VEUT DES BISCUITS À L'AIL POUR PATIENTER ?
NON ! NON, MERCI !
SANS FAÇONS !
JE... JE N'AI PLUS FAIM !
BEN... ET À MOI, ON NE ME DEMANDE RIEN ?
GRRR !
OUI ! OUI ! VOILÀ !
GRRR !
ENCORE ?!? BON ! BON !...
GRRR !!
BON, BEN, PUISQUE PERSONNE D'AUTRE N'EN VEUT...
COOKIES
42A
FAUDRA SONGER À FAIRE DES COURSES !...
MIAM ! CROC ! CRUNTCH ! BURPS !
ÇA, C'EST UNE EXCELLENTE IDÉE, ZEKE ! VAS-Y !
O.K. ! PASSE-MOI LE PORTE-MONNAIE !
DOIS-JE RAMENER DES BISCUITS À ...
... L'AÏIE !
BONG !
BON ! J'EN PRENDRAI AUX OIGNONS, ALORS !
MORRIS
V. LEONARDO
& B. de GROOT
42B

DANS QUELQUES HEURES, ZEKE ET MOI PARTIRONS AVEC LA RANÇON ET VOUS POURREZ RENTRER CHEZ VOUS !...
VOUS ÊTES D'INFÂMES GREDINS !
ET EN PLUS, VOUS ÊTES MÉCHANTS ET LAIDS !
PARDON ! D'INFÂMES GREDINS RICHES !
DE L'AIL ! DE L'AIL ! DE L'AIL ! DES AULX ! DE L'AIL !
!
!
?!!
DÉJÀ DE RETOUR, ZEKE ?!? QUE SE PASSE-T-IL ?
43A
LA C... LA CA ... LA CAV...
AU NOM DU COLONEL HAIZENBACON DU 5ème DE CAVALERIE DES ÉTATS-UNIS, RENDEZ-VOUS !
AU NOM DES FRÈRES TWING, JAMAIS !
TARITARAA !
LA CAVALERIE !
MORRIS
V. LEONARDO
& B. de GROOT
43B

C'EST CE QU'ON VA VOIR ! CHAAAARGEZ !
TARIIII TARAAA TARIII !...
BREF...
VOUS AVEZ UNE CHAMBRE À DEUX LITS ? C'EST POUR DES FRÈRES...
ET ON VOUS RAMÈNE RANTANPLAN ! LUCILLE N'EN A PLUS BESOIN : ELLE EST GUÉRIE !
FORMIDABLE !
HUM... ÇA COMPLOTE FERME, ICI !...
44A
C'EST VRAI ! C'EST BIEN GRÂCE À TOI QUE JE SUIS GUÉRIE ! MERCI, MON BON CHIEN !
LÀ ! QU'EST-CE QUE JE DISAIS ? VOILÀ QU'UN INCONNU M'AGRESSE !
FROTT ! FROTT !
AU FAIT, PAPA, CONNAIS-TU CELLE DU GARS ASSOIFFÉ QUI N'A QUE 5 CENTS POUR UNE BIÈRE ?
OUI, OUI, LUCILLE ! ET TOI, CONNAIS-TU CELLE DU PROMOTEUR QUI MONTE AU PARADIS ?
JE ME SOUVIENS QUE TU ME L'AS DÉJÀ RACONTÉE ! ELLE EST TRÈS DRÔLE ! MAIS CONNAIS-TU LA DIFFÉRENCE ENTRE UN POULET ET UNE BANQUE, MON PETIT PAPA ?
HEU... NON !
ALORS, LAISSE-MOI TE PRÉPARER LE REPAS DE CE SOIR, MON PAPA À MOI !
HA ! HA ! HA ! HA !
HAHAHAHA !
FIN
MORRIS
V. LEONARDO & B. de GROOT
44B

© LUCKY COMICS 2000
DÉPÔT LÉGAL OCTOBRE 2000
ISBN 2-884-71054-X
TOUS DROITS DE TRADUCTION,
DE REPRODUCTION ET D'ADAPTATION
STRICTEMENT RÉSERVÉS POUR TOUS PAYS.
IMPRIMÉ EN BELGIQUE PAR CASTERMAN IMPRIMERIE S.A.,
PHOTOGRAVURE STUDIO LEONARDO, MARCINELLE